LESEZUG

Liebe erwachsene (Vor-)Leser*innen!

Lesen regt die Fantasie an und hilft beim Erfassen der Welt. Lesen erweitert den Horizont. Lesen verbindet. Lesenlernen ist deshalb eine spannende Erfahrung, vielleicht sogar eine der prägendsten im Leben. Essenziell für den erfolgreichen Erwerb von Lesekompetenz ist das Genre der Erstlesebücher. Die Lesezug-Reihe motiviert mit thematisch ansprechenden Geschichten, gut zu lesenden Textmengen und unterstützenden Illustrationen.
Die Bücher der Lesestufe 2 bieten eine gut ausgewogene Mischung aus Wort- und Bildmaterial, sodass Kinder flüssig lesend vorankommen, ohne zu ermüden. Die Fibelschrift erleichtert das sinnerfassende Lesen und auch der konstant wachsende Wortschatz trägt dazu bei, dass das Lesen als Vergnügen erlebt wird. Die bunten Sticker steigern den Spaß am Lesen und fördern die Lesemotivation – und beides führt zu mehr Lesekompetenz!

Viel Freude beim miteinander Lesen wünschen
das Team des Österreichischen Buchklubs der Jugend
sowie das G&G Verlagsteam
www.buchklub.at
www.ggverlag.at

Ruth Anne Byrne

Haki Hai – spitze Zähne, großes Herz

Mit Illustrationen von

Anna-Lena Kühler

MIX
Papier aus verantwortungsvollen Quellen
FSC® C014138

www.ggverlag.at

www.lesezug.at

ISBN 978-3-7074-2629-8

In der aktuell gültigen Rechtschreibung

1. Auflage 2024

Text: Ruth Anne Byrne
Illustrationen: Anna-Lena Kühler
Reihenlogo: Carola Holland

Druck und Bindung: Finidr, s.r.o.

© 2024 G&G Verlagsgesellschaft mbH, Wien
Alle Rechte vorbehalten. Jede Art der Vervielfältigung, auch die des auszugsweisen Nachdrucks, der fotomechanischen Wiedergabe sowie der Einspeicherung und Verarbeitung in elektronische Systeme, gesetzlich verboten. Aus Umweltschutzgründen wurde dieses Buch auf chlorfrei gebleichtem Papier gedruckt.

Inhalt

Alles wegen Hoku

Auf dem Weg zur Schule nimmt Haki Hai seinen ganzen Mut zusammen. Wie jeden Morgen spielt Otto Oktopus mit seinen Freunden im Korallenriff Verstecken. Haki haben sie noch nie dazu eingeladen. Heute will er fragen, ob er mitmachen darf. Egal, was sein Bruder Hoku davon hält.

„Hi!“, sagt er und setzt sein freundlichstes Lächeln auf.
Otto Oktopus sieht Hakis spitze Zähne mit großen Augen an. Es hat ihm die Sprache verschlagen. Statt einer Antwort hängt eine Tintenwolke im Wasser.
Haki hustet. Schnell schwimmt er zur Seite, wo er wieder sehen kann. Otto und die anderen sind weg. Versteckt, was sonst ...
„Feiglinge!“ Hoku rollt die Augen.
„Wir wissen doch trotzdem, wo ihr seid.
Wir haben das in der Nase.“
Suchend gleitet Hoku über die Korallen hinweg und steckt seine Schnauze zwischen die Steine.

„Kannst du das nicht bleiben lassen? Jetzt haben sie noch mehr Angst vor uns", fährt Haki ihn an.
„Na und? Sollten sie auch ..." Grinsend klackt Hoku mit seinen Haifisch-Zähnen.
Haki schämt sich für seinen Bruder.
„Ihr braucht euch nicht zu fürchten!", ruft er den anderen zu. „Wir tun euch nichts.
Schwarzspitzen-Riffhaie jagen

nicht hier, sondern überhaupt nur ganz selten drüben im flachen Wasser. Hoku ist einfach ein Angeber!"

Trotzdem kommt keiner aus seinem Versteck hervor. Wegen Hoku! Wütend schwimmt Haki davon. Er dreht eine große Runde über dem Korallenriff, um sich zu beruhigen.

Zu spät

Auch das noch, jetzt ist er zu spät dran. Leise schwimmt Haki zwischen zwei Felsen hindurch. Dahinter, in einer Grotte, ist die Korallenriff-Schule.
Mara Muräne hockt in der letzten Reihe unter einem Schwamm. Sie sieht ihn als Erste. Schadenfroh schmunzelt sie. Na toll! Die Lehrerin, Shila Schildkröte, lehnt an einer Tischkoralle.

„Wie nennt man …?", fragt sie die Klasse. Doch als sie Haki bemerkt, hört sie mitten im Satz auf zu sprechen.
Alle drehen sich um.
Kira Krabbe starrt ihn an.
Otto Oktopus wird ganz weiß.
Robin Rochen bedeckt sich mit Sand.
Haki schluckt. Wieder winkt er schüchtern mit der Flosse. „Hi!"

Danach ruft er Shila Schildkröte ein „Entschuldigung!" zu.
Haki ist nach wie vor sauer auf seinen Bruder. Trotzdem bleibt ihm nichts anderes übrig, als zu ihm in die letzte Reihe zu schwimmen. Dort dreht Hoku seine Runden. Sein Grinsen macht die Situation

nicht besser. Haki beißt die Zähne zusammen. So fest, dass es knirscht. „Aufpassen, jetzt!“, ruft Shila Schildkröte den beiden zu. Haki ignoriert seinen Bruder und bemüht sich zuzuhören. Trotzdem spürt er die ganze Stunde lang Shila Schildkrötes strengen Blick … wie immer.

Wer braucht schon Freunde?

„Bereit für den Ausflug ins Museum?"
Die Lehrerin lässt Kira Krabbe und Otto Oktopus auf ihren Rücken aufsteigen.
Gemütlich paddelt sie voran.
Haki ist so aufgeregt, dass er mit seiner Schwanzflosse hin und her schlägt.

Er düst durch den Spalt zwischen den Felsen.
Hoku flitzt ihm hinterher.
Bis Shila Schildkröte mit den anderen nachkommt, haben die beiden schnellen Schwimmer bereits drei Runden Fangen gespielt.
In der Ferne sieht Haki das Museum.
Eigentlich ist es eher ein Abenteuer-Spielplatz ... ein versunkenes Schiff!
Er kann es kaum erwarten, hinein zu schwimmen. Trotzdem wartet er auf die anderen.

„Haki, sich mit denen anzufreunden, bringt doch nichts", hört er Hoku hinter sich. Haki wirft seinem Bruder einen eisigen Blick zu, dann sagt er bemüht ruhig: „Mara Muräne frisst ihre Putzerfische schließlich auch nicht."
Noch verständnisloser könnte Hoku nicht schauen. „Die putzen ihr die Zähne ... das bringt ja was!"

Haki seufzt. Vielleicht muss er es ihm einmal ganz genau erklären. „Eben. Freunde zu haben, ist auch viel wert." Er wendet ihm den Rücken zu und schließt sich der Klasse an.

Das versunkene Schiff lehnt an einer Felswand, als ob es schlafen würde. Über und über ist es von Korallen, Algen und Schwämmen überwachsen.

„Freust du dich auf das Museum?", fragt Haki Kira.

Sie nickt. Immerhin. Doch dann trippelt sie seitlich weg und versteckt sich in einer kleinen Höhle. Sie fürchtet sich wohl immer noch vor ihm. Haki lässt die Flossen sinken.

Im Museum

Shila Schildkröte
beginnt zu erklären.
„Wie ihr wisst,
verwenden ‚Die
von Oben' ..."
Sie schnaubt
und zeigt hinauf
zur Wasseroberfläche.
„... Schiffe, um auf dem Meer zu fahren.
Dieses hier ist vor langer Zeit gesunken.
Kommt mit hinein, wir werden heute viel
über ‚Die von Oben' lernen."
Im Museum ist es so düster, dass die
Gruppe dicht zusammenbleibt.

Haki sieht trotz der Dunkelheit gut. Gemeinsam schwimmen sie durch eine Luke tiefer in den Bauch des Schiffs hinein. Eng ist es hier.
„Die von Oben" hat Haki schon gesehen. Denn manchmal besuchen sie das Korallenriff. Sie haben riesige Augen, stecken ihre neugierigen Nasen in jedes Loch und stoßen beim Schwimmen immer wieder lustige Luftblasen aus.
Die Klasse folgt Shila Schildkröte in einen großen Raum.

Licht scheint durch ein Loch in der Decke herein. In einer Ecke hängen verschiedene Gegenstände an der Wand.
Shila Schildkröte schnappt mit ihrem Schnabel nach einem unförmigen Ding und zieht es von einem Haken.

Sie lässt es fallen, sodass es vor der Klasse langsam zu Boden sinkt. „Das hier ist eine Taucherbrille. ‚Die von Oben' sehen unter Wasser schlecht, daher binden sie sich so etwas vor die Augen."
Haki schwimmt nach vorn und fängt die sinkende Brille mit seinem Kopf auf.
Jetzt hat er sie vor den Augen.
Otto Oktopus lacht. Kira Krabbe kichert.
Und sogar Mara Muräne schmunzelt.
„Jetzt hast du riesige Glupscher!"
„Warte, ich habe noch etwas für dich!
Wenn ‚Die von Oben' an Land sind, tragen sie allerhand lustige Dinge am Körper ...
zum Beispiel so etwas auf dem Kopf."

Die Lehrerin legt Haki eine Kappe über die Taucherbrille.
„Hi!" Haki grinst breit und winkt mit der Flosse.
Die Klasse bricht in schallendes Gelächter aus.
Noch nie hat Haki sich so gut gefühlt.

Endlich lachen sie mit ihm, statt sich zu fürchten. Dieser Moment soll nie vorbeigehen!

Doch schon schwimmt Shila Schildkröte in die nächste Ecke des Raums.

Die anderen folgen ihr.

„Was hast du erwartet?", brummt Hoku.

„Lass mich in Ruhe!" Haki schüttelt Brille und Kappe vom Kopf und hängt sie wieder an die Haken.

„‚Die von Oben' verlieren jede Menge anderer Dinge." Shila Schildkröte zeigt auf einen Haufen von Dosen, Flaschen und Plastiksackerl.

Haki schnuppert daran. Es stinkt.
„Können wir ihnen den Müll nicht einfach zurückgeben?“
Shila Schildkröte schnaubt traurig.
„Das wäre schön … aber es ist so unglaublich viel! Überall schwimmt dieses Zeug herum. In manchen Buchten findet man Berge davon.“
Sie hebt ein Plastiksackerl auf und lässt es durch das Wasser schweben.
„Kinder, hört mir jetzt gut zu …“
Sie wartet, bis sie die Aufmerksamkeit aller hat.
„‚Die von Oben‘ sind gefährlich.
Egal, ob sie als Taucher

oder mit Schiffen kommen – haltet euch fern von ihnen! Auch dieses Ding hier ist gefährlich!" Sie deutet auf das Plastiksackerl. „Erstens, könnt ihr euch verfangen ..."

Mit der Flosse fährt sie in einen der Henkel. „Und es ist fast unmöglich, euch selbst zu befreien. Mara, hilf mir bitte!"

Die Muräne schnappt nach dem Plastiksackerl und zieht kräftig an, bis es reißt. „Danke!", sagt Shila Schildkröte, „zweitens, es sieht zwar aus wie eine Qualle, ist aber keine.

Schaut genau hin,
bevor ihr zuschnappt,
sonst bekommt ihr Bauchweh!"
Haki schluckt. Genau das ist ihm schon einmal passiert. Tagelang hat er Schmerzen gehabt.

Das große Unglück

Am Heimweg hört Haki ein Dröhnen. Zuerst ist es fern, doch dann wird es schnell lauter. Niemand sonst scheint es zu bemerken. Seelenruhig paddelt Shila Schildkröte mit den anderen Mitschülern zurück zur Schule. Na ja, sie hören ja auch nicht so gut.
„Seid vorsichtig!", ruft er ihnen zu.
„Da kommt etwas ... etwas Großes!"
Plötzlich ist die Sonne weg. Haki sieht nach oben. Ein riesiger Schiffsrumpf fährt auf sie zu. Dahinter ist ein Fischernetz angehängt. Eines, das am Boden entlang schleift!
Eine Wolke aus Sand steigt auf.

Korallen brechen ab, alles wird zerstört ...
Für einen Moment ist Haki so bestürzt,
dass er keinen Ton herausbekommt.

„Bringt euch in Sicherheit!", ruft er dann.
Hoku ist nicht mehr zu sehen.
Aber die anderen!
Mara Muräne schaut stocksteif zu,
wie das Netz näher kommt.
„Mara!", schreit Shila Schildkröte. Sie
versucht, schnell beiseite zu schwimmen.
Dabei fällt Kira von ihrem Rücken.
Schon werden sie von der Sandwolke
eingehüllt.

Haki schwimmt hin, er will ihnen helfen.
Doch er findet sie nicht mehr. Er spürt
das riesige Netz. Gleich ist es da.
So schnell er kann, flüchtet er.
In einiger Entfernung dreht er um.
Eine lange Schneise der Zerstörung zieht
durch das Korallenriff. Die anderen
sind gefangen.

Haki muss ihnen nach!
Mit kräftigen Flossenschlägen schwimmt er dem Schiff hinterher.
Da taucht Hoku neben ihm auf.
„Bist du verrückt? Was willst du machen?"
„Sie retten, was sonst?", faucht er seinen Bruder an.

„Spinnst du? Du kannst nichts mehr für sie tun."
Diesmal klackt Haki mit seinen Zähnen.
„Wer, wenn nicht wir?"
Er schwimmt voran, und wer hätte das gedacht ... Hoku folgt ihm!
Die beiden holen auf, denn das Schiff ist stehen geblieben. Mit gespannten Ketten wird das volle Fischernetz nach oben gezogen. Haki erkennt Shila Schildkrötes Panzer mitten im Fang.

Er verbeißt sich im Netz. Erste Fäden reißen. Auch Hoku beißt zu. Die Löcher sind zu klein ...

„Schneller!“

Endlich reißt das ganze Netz. Der Fang plumpst zurück auf den Meeresboden.

Gerettet

Haki schiebt einen großen Stein beiseite, um Shila Schildkröte zu befreien. Daneben schlängelt sich Mara aus dem Schutt hervor. Auch Otto, Kira und die anderen finden sich zusammen.

„Ihr habt uns gerettet?“ Shila Schildkröte kann es kaum glauben.

Haki nickt und Hoku grinst mit einer großen Zahnlücke.

„Dir sind sogar Zähne ausgebrochen ...“, murmelt Otto erschrocken.

Auf Hokus Wangen ist ein Hauch von Rosa zu sehen. „Macht nichtf. Wächft bei unf Haien ja wieder nach.“

„Ihr zwei seid wahre Helden! Vielen Dank!"
Shila Schildkröte klatscht mit ihren Flossen.
„Ja, vielen Dank!", „Danke!", ertönt es von allen Seiten.
Gemeinsam schwimmen sie zurück nach Hause.

„Hey, wollt ihr vielleicht morgen Früh mit uns Verstecken spielen?“, fragt Otto Oktopus zum Abschied. Haki nickt. Und wie er das möchte.

Wusstest du, dass ...

... sich „Hai" vom isländischen Wort „Haki" ableitet? Es bezeichnet die Form der Schwanzflosse, die wie ein Haken aussieht. (1)

... Haie sehr gut ausgeprägte Sinnesorgane haben? Auf eine Entfernung von mehreren 100 Meter können sie Geräusche im Wasser wahrnehmen. (2)
Bis zu 75 Meter können sie einen Geruch im Wasser (z.B. Blut) riechen. (2)

Innerhalb von 10 Meter können sie dank ihres Seitenlinienorgans Bewegungen im Wasser fühlen. (2)

Sehr nahe, nämlich auf 50 Zentimeter Entfernung, können Haie auch die elektrischen Felder anderer Unterwassertiere wahrnehmen. Dafür haben sie spezielle Sinneszellen auf der Nase, die Lorenzinische Ampullen genannt werden. (3)

... Haie, nachdem sie gefressen haben, erst einmal mehrere Tage verdauen, bevor sie erneut Beute zu sich nehmen? (4)

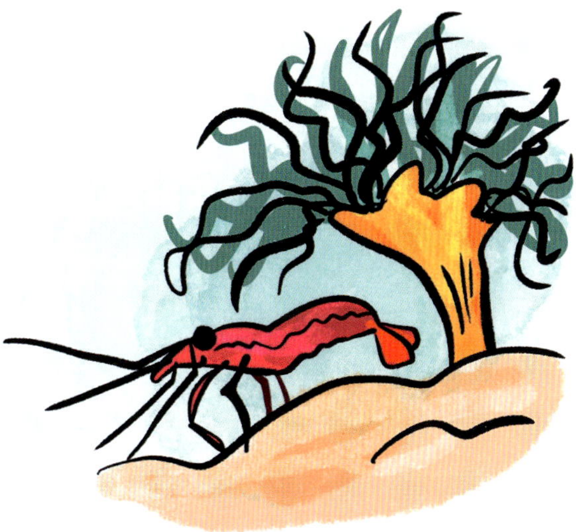

... junge Schwarzspitzen-Riffhaie in seichtem Wasser in der Nähe von Korallenriffen wohnen?
Sie werden bis zu 2 Meter lang.
Angriffe auf Menschen sind sehr selten. (5)

... sich manche Haie zum Schlafen hinlegen, während andere ihr Leben lang schwimmen?
Das kommt darauf an, ob die Haie im Liegen atmen können oder nicht.

Einige Haiarten (wie z.B. Ammenhaie oder Weißspitzen-Riffhaie) haben in ihren Kiemen kleine Härchen, die einen eigenen Wasserstrom erzeugen können.

Auf diese Weise werden sie auch in der Ruheposition mit Sauerstoff versorgt. Anderen Haien, wie z.B. Weißen Haien oder auch Schwarzspitzen-Riffhaien, fehlen diese Härchen. Sie brauchen den Wasserstrom, der durch das Schwimmen entsteht, zum Atmen. Sonst würden sie ersticken. (6)

... Schwarzspitzen-Riffhaie soziale Tiere sind? Sie kennen sich gegenseitig, gehen Freundschaften ein und jagen gemeinsam. (7)

Quellenverzeichnis:

(1) Etymologisches Wörterbuch der deutschen Sprache. Kluge F, 2002. 24. Auflage, bearbeitet von Seebold E, Verlag Walter de Gruyter, Berlin, S. 384.

(2) Sensory physiology. Montgomery JC, 1988. In: Physiology of Elasmobranch Fishes. Shuttleworth TJ, Springer, P. 79-98.

(3) Physiology of ampullae of Lorenzini, the electroreceptors of elasmobranches. Bennett MVL, Clusin WT. 1978. In: Sensory Biology of Sharks, Skates and Rays. Hodgson ES, Mathewson RF, eds., Washington, DC: Office of Naval Research, Government Printing Office, P. 483–506.

(4) Diet feeding habits, digestion and consumption in sharks, with special reference to the lemon shark. Wetherbee BM et al., 1990. Negrapion brevirostris. NOAA Technical Report, NM FS, 90 (1), 29-47.

(5) Social grouping behaviour in early juvenile Blacktip Reef Sharks around Milman Island in the far north of the Great Barrier Reef, Queensland. Freeman A, Wright A, 2021. North Queensland Naturalist 51.

(6) Evidence for Sleep in Sharks and Rays: Behavioural, Physiological, and Evolutionary Considerations. Kelly ML et al., 2020. Brain Behav Evol 94 (1-4): 37–50.

(7) Ethogram for blacktip reef sharks (*Carcharhinus melanopterus*). Porcher IF, 2023. Behaviour, 160 (11-14), 1167-1204.

Alle Lesezug-Bücher finden Sie unter

www.lesezug.at

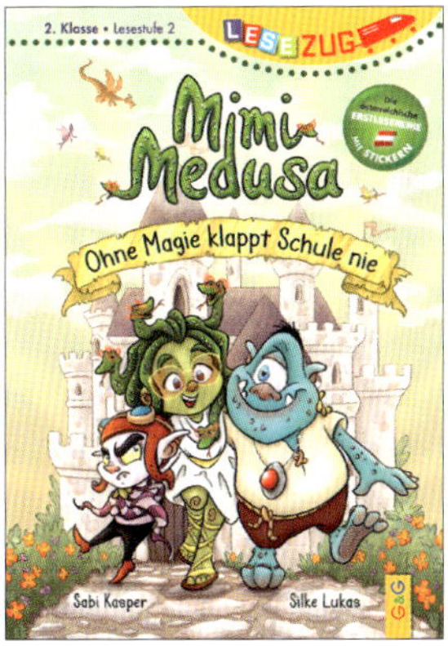

ISBN 978-3-7074-2633-5
2. Klasse – Lesestufe 2

ISBN 978-3-7074-2518-5
2. Klasse – Lesestufe 2

ISBN 978-3-7074-2559-8
2. Klasse – Lesestufe 2

ISBN 978-3-7074-2034-0
2. Klasse – Lesestufe 2